30秒看世界

30秒认识古埃及

[英] 卡思·森克尔 著
[英] 梅尔文·埃文斯 绘
[英] 杰奎琳·威廉森 顾问
杨怡 译

中信出版集团 | 北京

图书在版编目（CIP）数据

30 秒认识古埃及 /（英）卡思 · 森克尔著；杨怡译
. -- 北京 : 中信出版社 , 2019.7
（30 秒看世界）
书名原文 : Ancient Egypt in 30 Seconds
ISBN 978-7-5217-0732-8

I. ① 3… II. ①卡… ②杨… III. ①埃及 – 古代史 – 少儿读物 Ⅳ . ① K411.209

中国版本图书馆 CIP 数据核字（2019）第 116909 号

30秒认识古埃及

著　　者：[英] 卡思 · 森克尔
译　　者：杨怡
出版发行：中信出版集团股份有限公司
（北京市朝阳区惠新东街甲 4 号富盛大厦 2 座　邮编　100029）
承 印 者：北京利丰雅高长城印刷有限公司

开　　本：787mm × 1092mm 1/16　　印　　张：5　　字　　数：60 千字
版　　次：2019 年 7 月第 1 版　　印　　次：2019 年 7 月第 1 次印刷
京权图字：01－2018－7505　　广告经营许可证：京朝工商广字第 8087 号
审 图 号：GS（2018）5921 号
书　　号：ISBN 978－7－5217－0732－8
定　　价：460.00 元（全 20 册）

图书策划：见识城邦
策划编辑：肖雪　程时音　　责任编辑：卢建勇　曲沛然　于贺
营销编辑：杨璞　　装帧设计：象上设计
责任印制：刘新蓉

30秒认识古埃及

目录

令人惊叹的古埃及 / 4

古埃及人 / 7

源远流长的文明 / 8

尼罗河 / 10

古埃及法老 / 12

女法老 / 14

古埃及社会 / 16

家庭生活 / 19

居住空间 / 20

饮食 / 22

奇特着装 / 24

盛装打扮 / 26

谋生方式 / 29

农耕 / 30

建筑与采矿 / 32

富有创造力的手工艺人 / 34

优秀的书吏 / 36

书写 / 38

治愈病患 / 40

娱乐与游戏 / 43

娱乐时间 / 44

打猎与垂钓 / 46

唱歌与跳舞 / 48

宗教与来世 / 51

诸神 / 52

庙宇 / 54

节日 / 56

尸体保存 / 58

制作木乃伊 / 60

金字塔 / 62

帝王谷 / 64

贸易与袭击 / 67

旅行与交通 / 68

市场 / 70

士兵与武器装备 / 72

发动战争 / 74

古埃及文明的终结 / 76

令人惊叹的古埃及

60秒介绍

我们可能都听说过金字塔、木乃伊，但是关于古埃及你真正了解多少呢？本书以独特的视角为你呈现古埃及人的方方面面。比如，他们喜欢化妆打扮，会在举行宗教仪式时跳舞；会捕猎狮子，在尼罗河畔捕鱼吃；等等。你也许会有疑问，古埃及人生活在5 000多年前，我们是怎么知道这些事情的呢？事实上，虽然古埃及人早已不复存在，但是他们遗留下的大量物质和精神文化财富在时间的长河里熠熠生辉，从而将他们曾经的生活景象一一展现在了我们眼前。

伴随着考古学家们不断发现的精美绝伦的图画，以及大量的手工艺品，如雕像、陶瓷和珠宝饰物等，我们从中逐渐了解到古埃及人的样貌、他们的穿着以及他们在日常生活中的消遣等方面。而且，现代学者已破译了他们所使用的文字，从而使我们对他们的了解更进了一步。

恰是这些发现与突破带我们揭秘古埃及留存的尸体与巨大的石墓，也就是我们现在所熟知的木乃伊与金字塔。其中，不仅有完好无损的木乃伊，还有大量琐碎到坛坛罐罐、精细到珠宝饰物等陪葬品。这正是我们对古埃及文明进行深入了解的重要渠道。

本书将为你揭开古埃及的神秘面纱，包括古埃及人的一些生活细节，以及他们的角色分工。比如，轻重活儿都由谁来承担？他们的食物是否美味？在如此炎热的环境如何避暑？在完全没有书籍、电视与互联网的久远时代如何消遣娱乐？所有这些疑问，本书都将为你一一解答。

每个话题都精炼为一页纸，30秒即可快速掌握。时间紧迫的情况下，你也可优先参考我们的浓缩版“3秒钟总结”。每页都有色彩亮丽的图片来引导你加深对此知识点的了解。然后，如果你稍微有点儿空闲时间的话，那么有额外的有趣知识等着你去探索，还有令人兴奋的手工活动等你去尝试！

古埃及人

大约公元前5000年，住在尼罗河畔的人们已经开始耕作。他们种植小麦、大麦等农作物，不断提高耕作技术，并饲养家畜。到公元前3500年，一些城市逐渐发展起来了，人们开始发明文字。一个复杂且有序的文明就此诞生。在公元前3000年，美尼斯国王在值得信任的决策者、宗教领袖以及受过高深教育的书吏的帮助下，统一上下两个埃及王朝，形成大一统的古埃及第一王朝。

源远流长的文明

30秒大揭秘

公元前3000年，非洲东北部的尼罗河两岸孕育了富饶强大的古埃及文明，它的首都是一个有许多漂亮庙宇的城市。那时的人们住泥砖房，而且尼罗河两岸土壤肥沃，适宜耕作，因此人们种植种类繁多的水果、蔬菜等农作物。富人们过着奢华的生活。

技艺精湛的技工们制作精美的家具、陶器、珠宝与亚麻布衣物，他们已开始与遥远的国家进行商品贸易往来。当时一整套完整的文字体系已经形成，由那些受过高深教育且帮国王运营国家的书吏记录国家重要的决策与重大事件。同时，古埃及的宗教信仰也推动了纪念性建筑物的建设与发展。

从地理环境角度来看，古埃及沙漠分布广袤，同时海洋又将它与其他陆地隔开，这样一种相对闭塞的环境，对于外来民族来说几乎是一种天然的屏障，因此，埃及很少遭受游牧民族和其他民族的侵犯。得天独厚的优势使得灿烂的古埃及文明持续了约3 000年。

3秒钟总结

古埃及文明的繁盛兴旺始于公元前3000年，大约持续了3 000年。

小知识

时间轴

古埃及史分为以下五个不同的时期：

约公元前3000年：美尼斯国王统一南北部的上下两个埃及王朝，形成埃及第一王朝。古王国时期（约公元前2575—前2130年）：建造了金字塔。中王国时期（约公元前1938—前1630年）：埃及攻取努比亚（今苏丹）。新王国时期（约公元前1539—前1075年）：埃及文明处于全盛时期。后王国时期（约公元前1075—前30年）：埃及王国衰落。

5 000年前，辉煌灿烂的古埃及文明崛起于尼罗河两岸

尼罗河

30秒大揭秘

尼罗河对古埃及人来说非常重要。人们在尼罗河畔耕作，饮水洗衣，同时也捕鱼食用。它为各地来来往往的商品交易提供了完美的路径。可以说，如果没有尼罗河，就不会有古埃及文明的产生与发展。

尼罗河于每年7月至11月定期泛滥，浸灌两岸干旱的土地；含有大量矿物质和腐殖质的泥沙顺流而下，在两岸逐渐沉积下来，形成肥沃的黑色土壤。古埃及人因而称尼罗河两岸为黑土地。这跟遥远的干热沙漠截然不同，只有贝都因人居住在开阔的沙漠地带，忍受着长久的干旱与曝晒。

人们按尼罗河的涨落和庄稼的生长情况，将一年分为三个季节：

泛滥季节：河水暴涨，淹没农田，无法耕作，这个时期人们将重心放在土建工程。

播种季节：洪水退去，人们开始播种。

收割季节：人们收割农作物，储备粮食。

当时的农民需要缴纳一部分粮食给国王作为税费，哪怕你大部分的庄稼很不幸地被蝗虫吃掉，你仍然需要缴纳应缴的部分。

3秒钟总结

尼罗河是古埃及人赖以生存的源泉。它为人们带来水源、食物，并使得人们可以通过水上运输进行贸易往来。

3分钟任务

模拟洪水

你需要：纸、带边儿的烘焙托盘和模型用黏土

1.设计一条河，宽约2.5厘米，长约烘焙托盘的直径。再画一些小溪流，使它们流入这条河流上游的1/3处。

2.根据你在烘焙托盘画的河流的样子，做一个黏土模型，河岸大约1厘米高。

3.往“河里”倒入水，然后轻轻推翻模型。再多加入一些水，大家一起看看会发生什么现象吧！

古埃及人的生活依赖尼罗河。每年河水泛滥时，含有矿物质和腐殖质的肥沃泥沙会在两岸沉积

每逢洪水泛滥季节，古埃及农民就去帮忙建造埃及金字塔与其他重要的建筑设施

播种季节来临，农民在肥沃而又湿润的土壤中播撒下种子

到了收获季节，人们收割庄稼，储存粮仓。秸秆在当时常常被用来制作垫子和篮子

古埃及法老

30秒大揭秘

法老是古埃及的统治者，即国王。他（她）生活极度奢侈，住在巨大的宫殿里，而且埃及所有的土地都归他（她）所有。法老对人们的幸福安康负责，那时的人们普遍认为法老是神的化身。法老统治时期，大多数时候国泰民安。

约公元前3000年，第一位法老美尼斯联合上下埃及王朝，统一了埃及，以孟斐斯为首都建立埃及第一王朝。如今我们仍可以看到它的遗迹。

约公元前2600年，古埃及法老左塞尔建造了世界上第一座金字塔，被称为阶梯金字塔。整座金字塔为重叠式的设计，即一层接一层地往上加建，逐层缩小，一直加至第六层。之后，国王又命人用精致的白色石灰将金字塔包裹起来。竣工时整个金字塔高达62米。这是埃及历史上首座重要的建筑，可谓埃及金字塔的鼻祖。

约公元前2589年，法老胡夫建造了埃及规模最大的金字塔。公元前1200年时，拉美西斯二世在位，即勇士法老统治时期。他是一位强大的国王，一位战无不胜的将军，一位不知疲倦的建设者。在位期间，他修建了大量的建筑。

3秒钟总结

古埃及的国王被称为法老，并且被信奉为神的化身。

小知识

举世闻名的图坦卡蒙

年幼时即成为法老的图坦卡蒙并不是古埃及历史上功绩最为卓著的法老，但其墓葬的发现代表了埃及考古工作的顶峰，他也因此成为最著名的法老。1992年，考古学家霍华德·卡特在帝王谷一个很小的地方发现了他的墓穴。该墓穴是唯一未被盗过的，因此木乃伊仍保持完好，金面具、珠宝、武器、家具、衣服等全部完整如初。此次发掘震惊了全世界，古埃及文明的富丽堂皇从而可见一斑。

几千年前，古埃及在法老的强权统治之下

美尼斯是埃及第一王朝的开国国王，他修建了古埃及时期最大的城市，即后来的孟斐斯城，作为埃及的首都

约公元前3000年，美尼斯将上下埃及王朝统一成一个国家，开创了古埃及的第一王朝

公元前3000年

约公元前2600年，左塞尔建造了埃及第一座金字塔——阶梯金字塔

公元前2600年

约公元前2589年，胡夫在吉萨建造了巨型金字塔（即吉萨大金字塔）

公元前2589年

约公元前1300年，拉美西斯二世带军作战，恢复对被侵占领土的统治

公元前1300年

女法老

30秒大揭秘

古埃及时期，位高权重的几乎都是男性，但女性也可身居要职，并且一些女性在当时成为法老。塞贝克涅弗鲁是埃及历史上已知的最早的女性统治者，她于埃及中王国时期，即约公元前18世纪90年代统治埃及，历时将近4年。然而遗憾的是，由于种种原因，她统治时期的故事我们无从得知。

约公元前15世纪，图特摩斯一世的女儿哈特谢普苏特开创古埃及一代盛世，成为古埃及第18王朝法老。起初，她封自己年轻的继子为图特摩斯三世，自己则以摄政王身份，代表国王全权管理国家事务。但几年之后，哈特谢普苏特打破传统，成为埃及女法老。

哈特谢普苏特头戴象征身份的王冠，贴假胡须，身着男装，手执权杖，一副威严无比的法老形象。埃及在她执政期间变得十分繁华富庶，哈特谢普苏特开始利用财富大规模建造神庙。她在底比斯建造了富丽堂皇的庙宇，并命人用浮雕记载她统治时期的重大事件。

约公元前51年，克娄巴特拉，也就是古埃及托勒密王朝最后一位女法老，她的父亲希望克娄巴特拉和她的异母弟弟共同执政。但由于派系斗争和争夺权力，她弟弟决定独自执政并将她驱逐出埃及。然而，野心极大的克娄巴特拉之后在罗马独裁者尤利乌斯·恺撒的帮助之下，重登法老之位。

3秒钟总结

女性可以胜任重要工作，包括胜任法老的工作。

小知识

古埃及女性

在那个时代，古埃及可能是最适宜女性生活的地方了，她们在这里比其他地方享有更多的权益，比如置办财产、成为商人等。在法律上，她们享有与男性相同的权利。富有的贵族妇女在家里掌管大部分家务事，贫穷的妇女可以做与男性同等的工作。

虽然绝大部分埃及法老为男性，但有一部分女性也可以成功执政

哈特谢普苏特十分确信她的父亲希望她继承法老之位

哈特谢普苏特以头戴王冠、贴假胡须的方式将自己完全塑造为典型的法老形象

哈特谢普苏特执政期间不断采取措施促进埃及经济发展，她建造了最伟大的神庙（纪念堂），即底比斯的停灵庙

法老名人榜

古埃及社会

30秒大揭秘

正如金字塔的结构一样，古埃及社会等级划分也是高度有序的，国家一切权力归属于顶层的法老，社会阶层的底端则是农民、工匠及仆役等。

埃及是一个专制的中央集权化的国家，法老统领整个国家，但政务冗杂，地域广阔，法老一人无暇顾及全国。于是随之而来的，便是政府系统的诞生。中央政府官吏中职位最高的官员便是维齐尔，类似于今天的首相（或总理）。首相之下设立地方行政长官，这些行政长官统治埃及的42个地区，每个长官管理一个地区。

法老也管理国家的宗教事务，但是祭司等神职人员负责管辖埃及的众多神庙，并且主持日常宗教仪式，组织节庆等。祭司也会辅佐法老统治国家，因此通常备受法老信任。

书吏的社会地位也比较高，他们受过高深教育，在辅佐法老统领国家方面扮演着极其重要的角色，不可或缺。

建筑工人主要负责国家重大设施建设工程，手工艺人则负责制作精良的实用品。他们中的一些人甚至晋升为贵族。接下来是贸易商、零售商及农民。体力劳动者则承担那些又脏又危险的工作，如拖石头或者挖矿井，那时候人们以此来抵纳税费。

3秒钟总结

在埃及社会阶层中，受过教育的人位于社会顶层，而那些未受教育的人则处于社会底层。

3分钟任务

招工啦

如果你生活在古埃及，你希望从事什么样的工作呢？作为祭司掌管一座庙宇，作为书吏辅助国王管理国家，记录国家重大事件，还是做一名技艺精湛的手工艺人？设想一下，此刻的你正在求职，写一封信给法老并陈述你拥有的技能及你可以完美胜任该职位的原因。

从社会顶层的法老到底层的劳动人民及仆役，每个人都处在相对应的社会阶层并扮演着自己的社会角色

家庭生活

通过古埃及人遗留的大量画作及其他手工制品，我们了解到很多他们日常生活的状态。比如从他们举行宴会的绘画作品中，我们可以得知他们最喜欢的食物，平常穿的衣服，还发现他们都非常喜欢佩戴珠宝首饰，而且喜欢化妆。考古学家还从那些富裕的古埃及人的墓穴中发现了许多当时的家庭生活器皿、食品、衣服及家具等。

居住空间

30秒大揭秘

在古埃及，一年中的绝大多数时间里天气都是酷热难当。为了避暑，人们的房屋一般都设计有比较小且高的窗户，可以抵挡日晒。通常那里的人们将房屋外面刷为白色以将热量反射出去。雨季，人们会在高高的台子上面建造房屋，以此来抵御洪水。

富裕的人家拥有很大的房子，并且有很多布置得当的房间。花园里种的无花果、金合欢等树木给富人们休息放松提供了阴凉地。设计精美的水池里，鱼儿游来游去，荷花随风摇曳，美不胜收。

然而大多数的埃及人家里只有一些简单的家具，如床、凳子、木制矮脚桌等，一些人家里还可能有用砖垒成的长凳。他们一般把衣物存放于箱子或篮子里面。

到了晚上，睡前，人们会燃起油碗里的灯芯，借着它微弱的光照明。他们的床用砖垒起来，上面铺着木板框，枕头就用一块石头或者木头来充当。听起来可不怎么舒服啊。

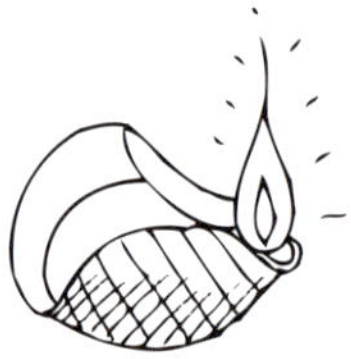

3秒钟总结

富人坐拥宽敞而舒适的房子，穷人则住在结构简单、布置朴素的小房子里。

小知识

埃及人的室内设计

富裕的埃及人喜欢装饰房间，他们把墙壁和地板涂上漂亮的图案，或用动物、植物的图画等来装饰。有时他们会用到门帘，并且将地砖着色，使整个地面明亮起来。法老的房间地面则是用敌人的图像装饰，想以此达到“肆意践踏敌人”的目的。

古埃及大多数房屋都是由泥砖堆砌而成，当时只有富人拥有比较大的房屋
夏季，人们睡在屋顶上避暑
当时就连富人也是用尼罗河沉积下来的泥沙制成的泥砖来建造房屋
房屋四周建有高墙，谨防他人闯入
人们在花园的池塘边吃东西，玩耍，娱乐放松

饮食

30秒大揭秘

古埃及人的饮食主要以面包和大麦啤酒为主，以水果、蔬菜和鱼类为辅，可以说是非常健康了，当然他们也会吃那些晒干的、腌渍的、熏制的食物。

古埃及是首先使用酵母发酵面包的国家，但很遗憾的是他们的面包味道很糟糕。在用石头研磨面粉时，一些砂砾遗留在面粉里。这样做出来的面包粗糙坚硬，会极大地磨损牙齿。

人们习惯喝大麦啤酒，它比水质恶劣的尼罗河的水好喝，而且酒也可以起到杀菌的作用。但是由于酿酒过程粗糙，大麦酒成品仍有大麦残渣。人们不得不用吸管喝酒，以免被呛到。

富人则尽情地享用各种美味：猪牛羊肉，异国的鸵鸟、羚羊和鹈鹕等等。那时还没有糖，只有蜂蜜，用蜂蜜加工后的甜品很受富人喜爱。他们的晚宴也会喝从叙利亚、巴勒斯坦等地进口的昂贵酒水。

3秒钟总结

古埃及人的饮食习惯非常健康，搭配有各种水果、蔬菜、新鲜鱼肉等。

3分钟任务

制作埃及美味

你需要：12粒去核枣、核桃片、2勺蜂蜜、少量肉桂粉和杏仁粉

1. 将蜂蜜与肉桂粉放入碗中，混合。
2. 将无核枣中间用核桃片填充。
3. 把填充好的枣蘸取肉桂蜂蜜混合物，然后在杏仁粉盘中滚一下。

面包是古埃及人的主食，其制作过程如下：

研磨谷物颗粒使之成面粉

将面粉、水、酵母混合揉成面团

将面团做成大块形状，有时做成动物状

放入烤炉

新鲜面包出炉啦

不过，面包很硬，
吃起来很费力

奇特着装

30秒大揭秘

大部分古埃及人什么也不穿，工人觉得不穿衣服做事情尤其是在水里洗衣服的时候很方便。儿童在6岁以前都赤裸着跑来跑去，这样玩耍过后大人很容易帮他们清洗身体，并且不用洗衣服。

当人们有必要穿衣服的时候，一般穿轻薄透气的宽松服装，这在炎热的埃及是极其重要的一点。工人通常只是围着缠腰布，而富人则穿短裙、束腰外衣或长袍，天气冷的时候再加一件斗篷。妇女一般穿长筒裙，用两根肩带提起固定。那时候不论男女均不穿内衣裤。

尼罗河沿岸的植物——亚麻经晒干、梳理、浸泡、捶薄使表面光洁的处理之后，就适合于纺成线了，再以线织成亚麻布，当时绝大多数衣物都是由亚麻布缝制而成的。只是，富人们的衣物是由柔软精美细密的亚麻布做的，穷人的衣物则是由廉价粗糙、刺激皮肤的亚麻布做成的。

古埃及的服装通常比较朴素单调，没有任何纽扣或者拉链。外套裹在身上，然后系起来或者用一根带子固定住。一些富人穿那种有齐整的裙褶装饰的长衣外套，但是他们是怎么做的那些裙褶的呢？我们不得而知。

3秒钟总结

古埃及衣服是由棉布或亚麻布制作而成，设计目的为使人们感到凉快舒适。

3分钟任务

设计凉鞋

古埃及人绝大多数时候都赤脚，但在一些特殊场合，或者光着双脚有可能受伤（比如避免被蛇蝎伤到脚）时，他们会穿凉鞋。查阅书籍或上网了解他们的凉鞋是由什么制作而成的。今天的你会利用什么材料来制作类似的凉鞋呢？

在水中劳作时，人们一般什么也不穿

为了凉爽舒适，古埃及人通常穿轻薄宽松的白衣服，不穿鞋子或者偶尔穿凉鞋

妇女通常戴假发或者头巾保护头部，以免被晒伤

用亚麻布做衣服是很容易的，人们只需把布裁剪开，然后将各边缝起来

妇女到集市购买亚麻布

那个时候只有富人穿凉鞋，大部分古埃及人都赤脚

盛装打扮

30秒大揭秘

人人都喜欢盛装赴宴！富人们会穿上最精美的白色亚麻长裙或者束腰外衣。亚麻布的材质非常优良，呈透明状。通常他们还会在衣领处用颜色亮丽的珠宝饰物装饰，并佩戴尽可能多的珠宝首饰。

古埃及不论男女都佩戴戒指、手镯、脚链和耳钉——他们也像现代人一样打耳洞。富人们有金饰，而且很多人佩戴的是由一种叫“彩陶”的陶瓷制成的仿制品。

富人们经常化妆。那时候一种叫作眼影膏的东西极其受欢迎，人们用它来画粗粗的黑色眼线。他们画的烟熏眼线既有实际需要也有宗教仪式目的，被认为可以驱除飞虫、保护眼睛免受阳光照射以及防止感染。人们还会用氧化铁制成的化妆品当作腮红和口红。

参加宴会时假发也是必不可少的。那时候虱子可是个大麻烦，因此人们常常剃光头发或者留极短的头发。盛装打扮时，他们将真人头发做成的假发用一种有香味的蜡固定在头上，在宴会上，这种蜡渐渐受热熔化，渗入假发中，散发出迷人的芳香。

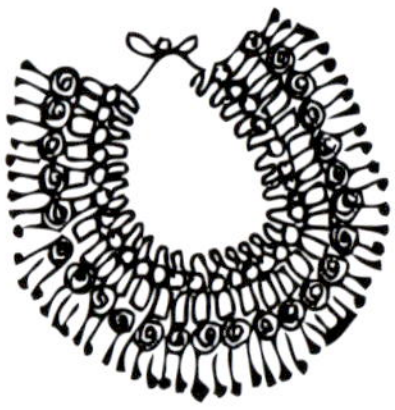

3秒钟总结

在特殊场合，富人们会戴假发、珠宝并化妆，盛装出席。

3分钟任务

设计一款适合出席宴会的衣领

想象一下，假如法老邀请你去他的宫殿参加宴会，你会穿什么服装去呢？ 请仔细描述并设计一款与你的服装完美搭配的精美衣领。你可以用一张厚卡片作为衣领，并用涂料、五颜六色的吸管及亮片装饰它。赶快行动起来吧！

在特殊场合，富人们用色彩亮丽的
衣领及珠宝配饰等为服装增添生气
他们用一种芳香的蜡将
假发固定在头部
不论男女都化妆
他们用指甲染料涂
抹手指甲与脚指甲
他们佩戴用金子、银子
及宝石制作而成的手镯

谋生方式

在古埃及，谋生的方式有很多。农民饲养牲畜、耕地、播种、收割粮食；手工艺人制作雕像、陶器、凉鞋及精致的珠宝；建筑工人建造或是宏伟风格或是朴实风格的建筑；一些人给富人们做仆人；其他人则为劳工。书吏算是一种比较好的工作，主要是辅助法老管理国家。

农耕

30秒大揭秘

大部分古埃及人都是农民，在尼罗河沿岸的肥沃土地耕作。人们种植粮食作物，还种植亚麻以之做成亚麻布衣服。

那时候古埃及人种植各种农作物，如洋葱、大蒜、卷心菜和豆子等，而且古埃及作为一个气候炎热的国度，也给如瓜类、大枣及石榴等带来得天独厚的生长条件。农民也养殖牛、猪、羊和鹅等动物以供肉类和蛋类的日常摄取。

农具都很简单——锄头用来锄草，镰刀用来收割农作物，而犁则用来翻新土壤。通常农民都用牛来拉犁。

古埃及人建造水库及运河储蓄洪水以供日后灌溉。他们利用桔槔抬高运河的水位。桔槔是一种方便汲水的工具，在一根竖立的架子上加上一根细长的杠杆，当中是支点，一头悬挂一个重物，另一头悬挂水桶，通过一起一落，汲水可以省力。

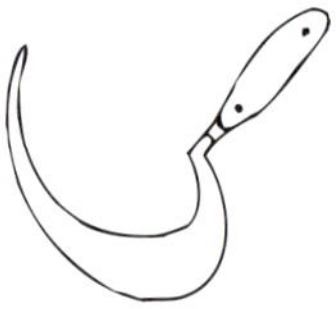

3秒钟总结

农耕对古埃及人来说极其重要。它为人们提供了肉、粮食、蔬菜和水果等。

3分钟任务

制作桔槔

你需要：4根长约20厘米的木棍、橡皮泥、线或者弦和一个纸杯蛋糕盒子。

1. 将一小团橡皮泥固定在3根棍的同一端，使它们立起来呈简陋的小屋顶的形状。再拿多一点儿的橡皮泥按压这3根棍的顶部。

2. 用线绑在第四根棍的一端，并在另一端粘一小团橡皮泥（作为平衡力量），然后将纸杯蛋糕盒子绑在线上。

3. 抓住粘有橡皮泥球的那一端，使这根棍在这个“小屋顶”达到平衡状态。

农民们种植农作物，饲养动物，灌溉农田

人们利用牛拉犁来犁地，在收获季节，人们踩踏农作物达到分离出粮食的目的

农民们一年播种一次小麦、大麦等农作物，但是全年都种植蔬菜

人们利用桔槔将桶里装满水来灌溉农作物

农民们种植大枣、石榴等果树

到了收获季节，农民用镰刀收割农作物。这种收割形式完全依赖体力，因此十分辛苦

人们把收割的粮食储存在粮仓，使其保持通风干爽

建筑与采矿

30秒大揭秘

古埃及人是伟大的建设者，众所周知，就是他们建造了那些奇特非凡的金字塔。每个金字塔的建造都是无数劳工年复一年的辛苦劳作换来的。

幸运的是，劳工并不短缺。法老深知农民在尼罗河泛滥期间无法耕作，因此他每年在河流泛滥季节都命农民去修建土木工程。

意义重大的建筑都是用石头堆砌而成的，然而一般的普通房屋都是由泥砖建造的。尼罗河沿岸就有丰富的泥沙。泥砖做起来很容易，并且如果你不再想要你目前这座房屋了，你可以推倒它并且可以再利用其中的一些泥砖重新建房屋。你甚至可以直接遗弃一座已不再喜欢的宫殿。

古埃及人同样利用土地进行采矿作业。人们就在沙漠里发掘出了许多宝石，还有如金、铜和铁等金属。

3秒钟总结

绝大部分房屋都由泥砖建造而成，而石头仅用于建造特殊的建筑物。

3分钟任务

制作迷你泥砖

你需要：1杯泥土、2/3杯水、旧碗和制冰盒

1. 把泥土倒入碗中，加入水，搅拌混合。

2. 把混合好的泥巴放入制冰盒，并用拇指仔细按压使之完全贴合。

3. 将其放置在温暖的地方晾一晚。

4. 将制冰盒倒置，取出填充物。泥砖做好啦。

现在让我们来砌墙吧！

古埃及人都是技艺精湛的建设者和开采者

富有创造力的手工艺人

30秒大揭秘

大约公元前1900年，一位古埃及书吏写道："人们眼中的制陶工人是怎样的？他们仍被认为是人类，但他们整日如同猪一样在泥土里乱刨，而且衣服总是肮脏不堪。"

这个书吏粗鲁得令人难以置信。实际上，埃及的手工艺人个个技艺精湛，那些精美绝伦的绘画作品、雕塑、珠宝和其他一些令人惊叹的物品全都出自他们之手。

手工艺人通常需要花费几年的时间来提升技能。当时的男孩们大概从9岁开始就跟着父母学习手艺活儿，或者给有经验的手工艺人当学徒。那时候好多画家刚开始都是书吏，其中有绘画天分的人会受训成为艺术家。

古埃及人已学会如何采掘石头，而且他们在如何利用石头造建筑方面极具天赋。雕塑家通过不断地敲打、锤炼和切削石头，精心创造出供人们膜拜的神像。手工艺人同时也制造一些得心应手的家庭生活用品，如陶罐等。

3秒钟总结

精美的陶罐、石像与图画等均出自手工艺人之手。

3分钟任务

墓穴场景壁画绘制

你需要：一张粗糙的纸和蜡笔

古埃及人会在墓穴墙体周围精心绘制生动形象的场景壁画，如果你是当时的艺术家，你会描绘什么样的场景壁画？设计一个场景并用蜡笔画在纸上。你可以画一个身体正对着你而头转向侧边的人，正如古埃及人所画的那样。

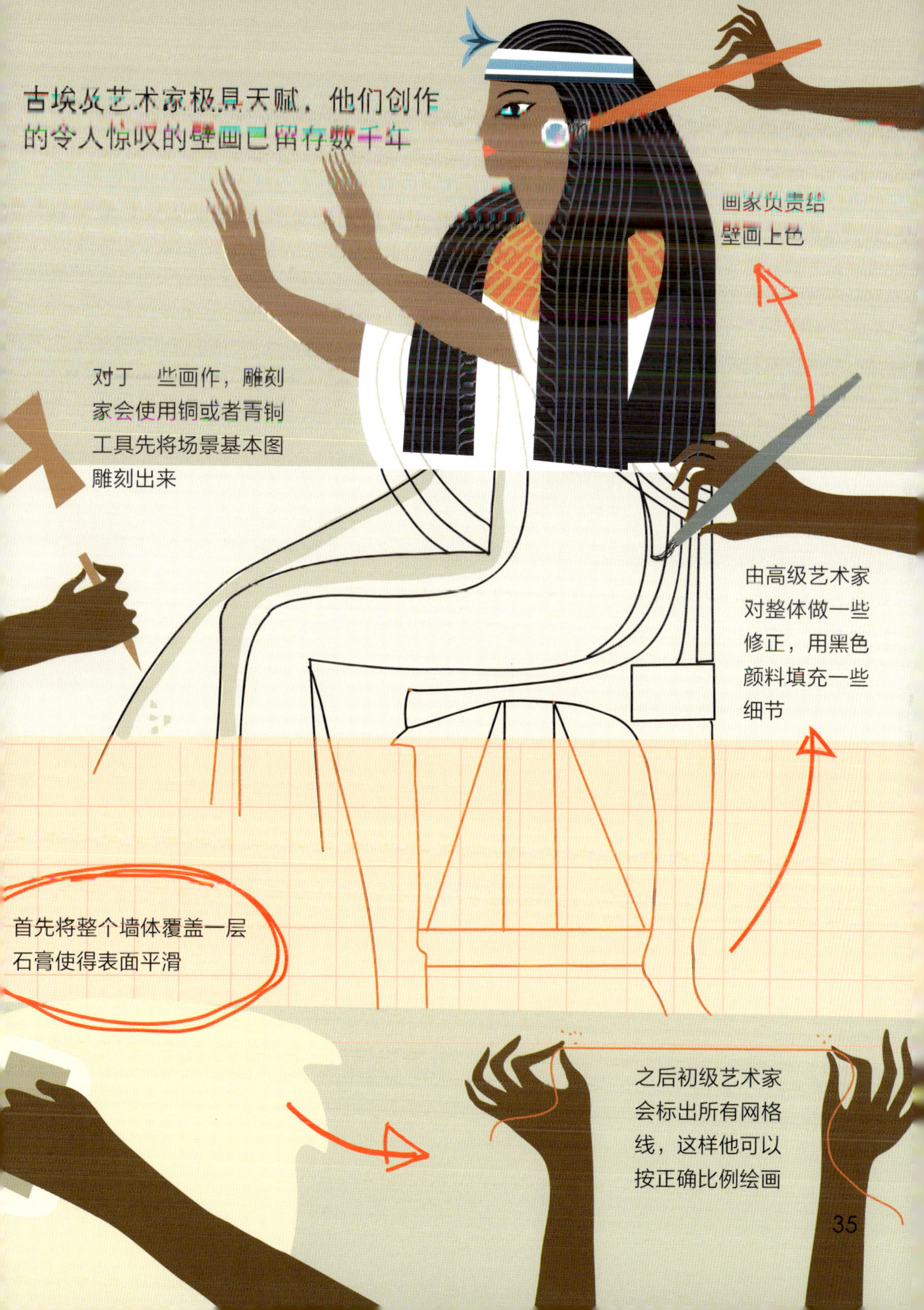

古埃及艺术家极具天赋，他们创作的令人惊叹的壁画已留存数千年

画家负责给壁画上色

对于一些画作，雕刻家会使用铜或者青铜工具先将场景基本图雕刻出来

由高级艺术家对整体做一些修正，用黑色颜料填充一些细节

首先将整个墙体覆盖一层石膏使得表面平滑

之后初级艺术家会标出所有网格线，这样他可以按正确比例绘画

优秀的书吏

30秒大揭秘

古埃及时期，一小部分男孩经过培训成为书吏。成为一名书吏是一件极好的事情，不会从事任何肮脏繁重的劳作，而且与耕作相比也会轻松很多。

准书吏们会用大约7年时间学习读和写。他们一般都在石头上或者木板上抄故事或者把学的字罗列下来加强练习。

受训过的书吏类似于公务员。他们辅助掌管国家并且在莎草纸（一种由尼罗河两岸生长的纸莎草加工而成的用于书写的草纸）上记录国家重大事件。目前所知最长的是第二十王朝时期书写的《哈里斯大纸莎草纸卷》，该文献长达41米，几乎为半个足球场的长度。

如果你想要寄信，那么你需要付钱给书吏代写。邮寄的话需要去尼罗河岸寻找指定的船。这时候交一点儿钱，船员们就会帮你把信带到目的地。

3分钟任务

水果墨水

古埃及的书吏们都会用天然材料制作墨水。尝试用水果做墨水吧！

你需要：100克黑莓或者樱桃、滤网、勺子、碗、1茶匙醋和1茶匙盐

警告：注意避免物品的表面及衣物沾上污渍！

1. 将盛有水果的滤网放在碗上。
2. 用勺子均匀按压水果使果汁通过滤网流到碗里。
3. 果汁中加入醋与盐。
4. 用一个木搅拌棒或者木棍蘸着写字吧！

3秒钟总结

书吏记录国家的重大事件。

书吏的职责即书写。他们没有纸，一般都用莎草纸页

书写

30秒大揭秘

是什么使得那些受过高级培训的书吏花费那么久的时间学习写字？我们都知道埃及人当时使用象形文字。他们用这种复杂的书写形式来记载重要事件。

象形文字是指纯粹利用图形做文字使用，而这些文字又与所代表的日常生活中的实物在形状上很相像，叫作表意符号，即用图画来表示一些事物的概念或定义，比如，他们会画一只流着眼泪的眼睛表示“哭泣”。但是表意符号都不能表示字的发音，因此古埃及人又发明了表音符号。表音符号也是一些图形，如用船（boat）发“b”音，用表演（show）发“sh”音。

象形文字通常是由右向左写的，但也可以竖着由左向右写。你知道如何正确区分吗？在文章开头，代表动物的符号或者人的符号朝向哪边哪里即是文章的开头，如人物标识或动物标识是朝向左边的，则要从左向右读。

当时的普通人则用一种书写较快的书写形式，叫作僧侣体。它采用图形的简单版本来表达，因此比较容易用笔书写。后来人们开始使用世俗体及古希腊文。

大部分古埃及人完全不会读写。他们一般都是通过口头交流去了解这个世界当下发生的事情，然后依赖大脑去记住过去所发生的一切。

3秒钟总结

古埃及的重要文献都是用象形文字来记载的。

3分钟任务

写私密代码信！

尝试用象形文字给你朋友写一封私密代码信吧！尝试添加一些日常生活中常见事物的代表符号作为你专属的新象形文字，如手机、电脑游戏或者滑板。

象形文字用图画来代表不同的字、物体、动作或声音

治愈病患

30秒大揭秘

古埃及疗法令人惊叹，集医药与魔法于一体。人们生病的时候会叫医生，医生通常会带一些天然的药材，同时会施展巫术。

古埃及文明最早开始研究医学。一张可以追溯到约公元前16世纪的莎草纸上古埃及人罗列出48种伤病的症状及治疗方法。那时的医生会给病人仔细检查身体，清洗并缝合伤口，骨折了会用夹板固定，周身酸痛会采用按摩疗法，等等，都是比较合乎情理的治疗方法。

尽管古埃及人对医学很有研究，然而巫术和迷信一直在医学中占据重要地位。古埃及人深信疾病都是由恶鬼侵入人体引起的。他们认为药物只能缓解疼痛，但要彻底治愈疾病需要驱鬼。当时的巫师试图通过施咒、举行奇怪的典礼仪式、往体内塞入肮脏不堪的物质比如粪便等方式来驱除附在人体内的恶鬼。比如治疗牙痛，采用的方法非常令人惊愕：把刚杀掉的老鼠剁成两半并将其中一半放在牙龈上！

通常这样的疗法会使病人的身体每况愈下。暂不评价当时埃及的医疗水平，在当时确实也找不到更好的医疗手段了。

3秒钟总结

一些古埃及的传统疗法可以见效，但是其余的可能是致命的。

小知识

治愈的概率是随机的

当时一些疗法确实见效，尽管古埃及人可能也不明白其中的原理。例如，他们会放蜂蜜在伤口上，因为他们相信恶鬼讨厌蜂蜜。实际上，蜂蜜作为一种抗生素，确实能起到愈合伤口的作用。那时候医生们也会建议人们吃生大蒜来抗寒，如今这个方法仍然适用。

在古埃及，医生会使用药物疗法及巫术来治疗病患

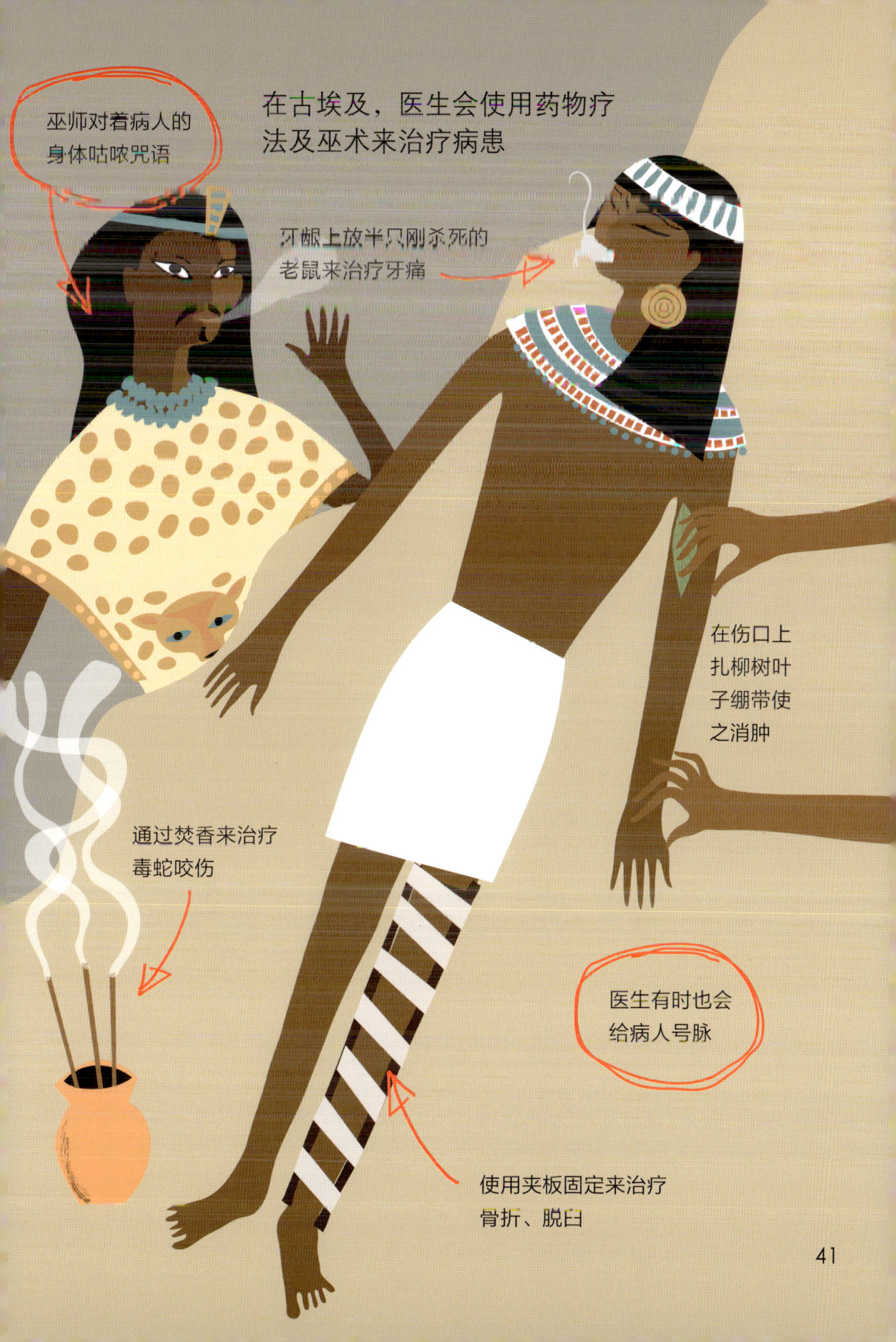

娱乐与游戏

从图片上可以看出，古埃及人热爱音乐，并且会演奏各种各样的打击乐器、木管乐器和弦乐器等，他们也非常喜爱跳舞。户外活动如打猎、钓鱼等在当时也非常流行。孩子喜欢玩游戏，而且一些游戏与如今孩子们玩的游戏非常类似。考古学家也发现了一些简单的小玩具，如小马拉车玩具等。

娱乐时间

30秒大揭秘

在古埃及，来自贫穷家庭的人可是不走运的，他们大部分时间都在劳作，几乎很少娱乐。富人则太幸运了，而且他们的孩子整天都可以玩游戏。

当时的孩子们喜欢玩各种体育游戏，如跳蛙游戏、拔河等。女孩子则特别喜欢玩负重传球游戏，并且为了使游戏更有趣，她们一般会将拿球的胳膊向后然后猛掷出去或者跳起来投掷。

埃及的孩子也会玩娃娃布偶、动物布偶等，还有抽木制陀螺。较小的孩子喜欢拉着二轮马车玩具到处跑。成年人比较钟情棋类游戏，尤其是盘蛇图和塞尼特。

塞尼特是一种敌我双方竞技游戏，至今仍有许多人玩。棋盘角上的图片代表好运气或者坏运气，棋手需要避开危险并安全到达来世。这种棋的玩法主要是利用位于棋盘一旁的四根长条状的棒子掷出点数，然后在三十格的棋盘上按规则移动棋子（移动步数为掷出的点数），最先到达终点的人，即获得胜利。

3秒钟总结

在古埃及，富人拥有很多闲暇时间娱乐，他们会玩多种游戏。

3分钟任务

蛇棋游戏

盘蛇图是古埃及时期一种有筹码的棋类游戏。棋盘为盘着的蛇形，棋手需将筹码一步步走到蛇头位置并安全返回。根据这个规则，使用筹码及色子设计一款蛇棋游戏，然后跟你的朋友对决一场吧！

及的成人及儿童都喜欢玩游戏，其中
些游戏我们至今仍在玩儿

打猎与垂钓

30秒大揭秘

古埃及文明是最早以打猎为生及将其作为娱乐方式的文明之一。古埃及人喜欢沿河而坐，拿着鱼竿，静静等待鲈鱼或鲇鱼上钩。

他们也在河岸旁的纸莎草丛中抓鸟，一旦发现小动物的踪迹会立刻投掷一个木制标枪。

捕捉体型比较大的动物可是个危险活儿。狮子在当时很讨嫌，因为它们肆意踩踏农作物，因此人们一般集结起来，冒着生命危险去捕猎狮子。

对于当时的富人来说，打猎是项受欢迎的运动，他们一行人浩浩荡荡冲向沙漠，仆人们负责追捕公牛、瞪羚、剑羚等动物。再后来，他们乘马车出行，带上猎狗来追捕猎物。一旦猎狗将猎物围困，猎人们则掷出他们的标枪、长矛，射出弓箭等将猎物捕获。

古埃及法老阿蒙霍特普三世声称他在一次打猎中曾捕杀96头公牛，这使得他听起来勇猛无比。即使这是真的，法老也从不会以身涉险的。猎狗会将公牛围困在围场，这样法老阿蒙霍特普三世就无须下马车即可射杀公牛。

3分钟任务

标枪

我们从古埃及壁画中得知他们用标枪作为狩猎武器，那么关于标枪我们又知道多少呢？它们的尺寸及形状如何？标枪在空中是如何运动的？你能否列举出其他文明的某种狩猎标枪……带着这些问题展开你的探索之旅吧！

3秒钟总结

古埃及人以打猎为娱乐活动，以猎物为食。

壁画显示了人们正在捕猎河马。那时的古埃及人或许已经成功捕捉到河马了，但这点我们无从考证
其中一个狩猎者挥舞套索试图套住河马
狩猎者会鼓起勇气尽可能地靠近猎物
狩猎者用长矛不断地刺向河马，使之虚弱，然后将其杀死

唱歌与跳舞

30秒大揭秘

古埃及人超级喜欢聚会！每逢重要的宗教节日及盛典大会，人们会跟着敲鼓及鸣钟的节奏来吹奏长笛、弹竖琴。人人都拍手伴奏，吟唱歌曲，舞女们则随音乐翩翩起舞。

古埃及人拥有一系列打击乐器、管乐器及弦乐器。通常鼓、铃及一种叫作叉铃的摇响器是用来保持节奏，而长笛及喇叭则用来吹奏旋律，乐师们则弹奏竖琴、里拉琴和鲁特琴等乐器，然后人们随之唱和。

那时候音乐家是一种职业。音乐家们一般在寺庙及王室家里弹奏，盛大宴会场合也需要他们弹奏、跳舞。

尽管弹奏乐器并不算是个业余爱好，但是看起来当时的人们很喜欢在工作的时候借助音乐来愉悦心情。农民们在田间劳动时也会随着节奏的跳动吟唱歌曲。

遗憾的是，古埃及人并没有记下他们的任何音乐，因此我们无从得知他们的音乐听起来是怎样的。但我们可以从他们充满活力地舞动的壁画中得知他们的音乐很可能是响亮、生动活泼且韵律感极强的。

小知识

像埃及人一样跳舞

那时不论男女都跳舞。他们的舞蹈一般以缓慢的、优雅的步调及富有表现力的移位动作为主，与如今的芭蕾舞类似。其他动作则更有杂技效果，如舞者会跃到空中并翻跟斗，身体可以朝后呈弓状并且还可以劈叉。舞者通常穿透视长袍或者仅装饰一条简单的链子、带子，这样他们可以灵活地舞动身体。

3秒钟总结

古埃及人通过音乐以及唱歌跳舞的形式来庆祝特殊时刻。

不同类型的音乐及舞蹈是埃及人生活中重要的一部分

宗教与来世

宗教是古埃及文化最重要的组成部分，法老们为他们信奉的神灵建造了许多令人惊艳的庙宇。这些以坚固的石头堆砌而成的庙宇中，有一部分较为完好地留存至今，向我们展现了古埃及人在庙宇中如何朝拜神灵。如今我们通过金字塔内遗骸的不断发掘了解到古埃及人独有的丧葬风俗。但在这些庙宇之外，对于普通的古埃及人来说，他们每天的宗教活动又是怎样的呢？这仍然是个谜。

诸神

30秒大揭秘

古埃及时期，人们没有一套完整的、科学的知识系统去探索、了解这个世界是如何运转的，因此他们通过宗教理论来解释。

古埃及人坚信，在宇宙秩序中，有序和混沌两种力量处于不断抗争的状态，只有经创世神的创造和整顿，世界才开始以有序的形式存在。他们深信是创世神使得太阳每天早晨升起，使得尼罗河每年都会泛滥，保证庄稼每季都会生长，等等。

古埃及的诸神控制着人们的生活。那时候人们认为有上百个神灵，且职责不同，因此选择正确的神灵来膜拜是很重要的。例如，女人们都膜拜芭丝苔特和塔沃里特女神以期盼婴儿安全降生。

太阳神“拉”是古埃及人心目中最重要的神灵。当时的人也很聪慧，他们意识到没有太阳，人类就不会存在。

神灵随着时代变迁而变化。例如，人们后来将拉与阿蒙、底比斯结合，成为众所周知的阿蒙拉太阳神。

3秒钟总结

古埃及人相信世间有上百个神灵掌控着他们生活中的一切。

3分钟任务

慧眼识神灵

和朋友比赛找出以下掌管不同事务的都是哪个神：

掌管欢乐与爱的女神是谁？

每天晚上吃掉太阳神拉，然后在第二天的早上再生下他的是哪个女神？

掌管书写与知识的是哪个神？

哪个神有大肚子并且以水生植物形象展现？

芭丝苔特：猫神，
儿童之神

荷鲁斯：鹰神，王权
的守护者

奥西里斯：冥神，
丰饶之神

古埃及的众神掌控
着人们生活的方方
面面。我们来认识
一下最重要的神灵

阿努比斯：外形幻化成
山犬的死神，引领死者
至来世

拉：太阳神，人类
的创造者

托特：月神，智慧之神

克奴姆：人类灵
魂的创造之神

庙宇

30秒大揭秘

为确保国家安全，统治稳定，法老命人建造了许多宏伟的庙宇用来表达对众神的膜拜。

古埃及的庙宇都是巨石堆砌而成的建筑，法老希望它们可以永远留存于世。狮身人面的雕塑斯芬克斯守卫着庙宇前的一条大道，法老的雕像则用来装饰庙宇的门。门口立着成双成对的又高又细的方尖碑，上面刻着法老们的名字、丰功伟绩及对众神的歌颂。这些方尖碑精准地坐落在每天早晨第一缕阳光洒下来的方位。

这些宏伟的庙宇与那些教堂或者清真寺完全不同。它们被认为是神灵的私人住所，人们不可以聚集去膜拜。神灵的雕像位于庙宇中心的一间黑屋子的神殿之上，并且只有祭司可以进入。

而那时普通人只能在举行宗教庆典时，匆匆看一眼在举行游行活动的神殿。因此，他们一般在家中将神像模型置于一个简易的神龛内来祭拜、祈祷并供奉。

3秒钟总结

祭司在庙宇主持宗教仪式。普通人则在家祭拜神灵。

3分钟任务

制作水钟

祭司利用水钟来测算在神庙内举行宗教仪式和活动的既定时刻。水从一个容器底端的小洞滴出来，水位由一个刻度到下一个刻度的时长为一小时。

你需要：干净的塑料杯、安全别针、水、高玻璃杯、计时器和马克笔

1. 用别针在塑料杯底部扎一个小洞。
2. 杯内倒满水并把杯子放置于高玻璃杯上。
3. 用计时器计出水全部滴完所需时长。每五分钟用马克笔在塑料杯外壁将届时水位标一个记号。

祭司在庙宇内主持宗教仪式以愉悦神灵
祭司讲入庙宇
将神像移出神坛，脱下神像的衣服，并开始清洁神像
他用圣油擦拭神像并给神穿上全新的亚麻布衣服
他供奉给神食物及水，并吟唱颂歌
祭司将神像重新放入神坛

节日

30秒大揭秘

古埃及人没有如今的周末休息这一说法，他们每天都要工作。因此宗教节日在当时极受欢迎。

这样的宗教节日使得人们可以歌颂他们所信仰的神灵，暂时地脱离工作去放松玩乐一下。祭司们则在街上响亮的庆祝音乐和充满活力的舞蹈的氛围中走向神坛，向神灵供奉。

每年，埃及人都会举行盛大的节日庆祝荷鲁斯神与哈索尔女神的结合。平日里被供奉在神龛的哈索尔女神在这个节日里会随着大队人马由丹德拉乘坐“爱之女神”的船航行至伊德夫神庙，也就是荷鲁斯所处的庙宇，猎鹰之神荷鲁斯与大批热情虔诚的人就在此迎接女神的到来。

奥佩特节是在埃及雨季期间举行的一个重要的节日，历时一个月。人们聚集起来庆祝法老如神之子一样统治着大地。届时长约3千米的队伍把阿蒙、穆特及他们的儿子柯恩斯这三位神的像自他们的圣所凯尔奈克迁往卢克索。停在卢克索庙中约24天，任人瞻仰。祭司、音乐家、舞蹈家、歌手、士兵等连同大批民众全城庆祝。

3秒钟总结

宗教节日一般都很热闹，充满欢声笑语。人们会聚集起来庆祝，唱歌跳舞，瞻仰神灵。

3分钟任务

宗教节日

全世界范围的宗教节日种类繁多。例如，印度的排灯节，教徒们会穿上最好的衣服，亮起灯，向财富与兴旺女神拉克西米祈祷，之后家家会燃放爆竹、聚餐并互送礼物。一起来研究其他宗教节日吧，你能找到它们之间的相似之处吗?

埃及的宗教节日都是比较大的庆典活动，人们举办各种娱乐活动来敬奉神灵

每逢奥佩特节，阿蒙神雕像会被放置于神圣的船上迁往卢克索神庙供人瞻仰

祭司、音乐家、舞蹈家及大批民众欢迎阿蒙神抵达卢克索

尸体保存

30秒大揭秘

古埃及人相信人死后，灵魂会在另一个世界复活，即在一个跟埃及相似的世界继续存活。因此，埃及的法老或者重要的人物死去时，人们不会简单地将他们埋葬，而是为让他们转世复活而精心保存他们的尸体。

殓尸人借鉴了厨师们的做法，那时候厨师通常会将肉晒干，并用盐腌渍以防其变质。于是殓尸人将尸体内脏（肝、胃、肠子、肺等）掏空，放一旁。他们相信心脏是整个灵魂与思想所在，因此会将心脏留于体内。但是他们会用一根很细小的长柄勺从鼻孔里伸进大脑将脑浆舀出来扔掉。古埃及人认为大脑是没用的东西。

之后殓尸人将尸体全身覆盖上泡碱，它可以在沥干水分的同时又保持身体的柔软性。

然后将干透的内脏分开放于对应的容器——卡诺皮克罐里。接下来空皮囊会腐烂很快，因此必须带到沙漠干燥约40天，使其干透。

3秒钟总结

古埃及人相信人死后会在来世复活，因此他们精心处理尸体使其可以转世复活。

3分钟任务

来世生活需要些什么呢?

古埃及人不仅仅是保存尸体，同时还要将法老在来世所需物品如食物、珠宝等同木乃伊一起下葬。如果你是帮法老准备来世所需物品的负责人，你认为现代世界有哪些东西是他们需要的呢？尝试列一个表吧！

古埃及人对尸体进行
防腐处理以便保存至
来世复活
首先，殓尸人清
洗尸体
然后殓尸人用凿
子凿开头盖骨
他们用一根很细
小的长柄勺把脑
浆舀出来
用绳子把
手指甲与
脚指甲绑
住使其不
至于脱落
把内脏全部取
出来，分别放
入四个卡诺皮
克罐里
殓尸人用泡碱包裹尸体并将尸
体置于沙漠的一个帐篷里40
天，使其干透

制作木乃伊

30秒大揭秘

一旦法老的尸体干透，就可以制作成木乃伊了。制作木乃伊前需要先将尸体挖去内脏，在腹腔填以乳香、桂皮等香料或者木料，再裹上亚麻布，涂上树脂，使其看起来丰满逼真。这样就做成了木乃伊。

如果制作过程中有一根手指或者身体其他部位脱落，殓尸人则会用木材替代填充，之后用亚麻布裹起来，用绷带包扎。在一层层地包缠木乃伊时，常常放进许多珠宝和护身符。法老图坦卡蒙下葬时居然有超过150件珠宝首饰！

木乃伊在来世所需的一切都会备好，包括食物、水及日常生活用品。《死亡之书》是古埃及的一种陪葬物品。这是一些用来指导、帮助死者在来世渡过难关、得到永生的咒语。同时还会陪葬一幅死后世界的地图。

在木乃伊最终被埋葬之前，还有一项特殊仪式——复活。这个过程通过一种叫“开嘴”的宗教仪式来完成，目的是使死者在来世能张开嘴吃饭说话，同时也使其他感官都复活。终于，结束了一切准备工作，木乃伊被放置在石棺内，之后与所有陪葬品一同埋入坟墓。

3秒钟总结

古埃及人将法老的尸体制作成木乃伊，然后埋入坟墓使其在来世复活。

小知识

令人惊讶的发现

科学家使用核磁共振技术研究木乃伊，该技术通过扫描木乃伊清晰展现出了其体内图像。在2014年，大英博物馆的科学家在使用核磁共振技术扫描一具木乃伊时发现了一个可怕的事情：这个木乃伊的头盖骨里面居然有一把抹刀！很显然，粗心的殓尸人在舀完死者脑浆后把工具遗留在那里了！

古埃及人将木乃伊用绷带包裹，放入石棺，同来世所需的所有陪葬品一起埋入墓穴

用亚麻布包裹木乃伊的同时，祭司会诵念咒语

包裹过程中，殓尸人会不时将护身符缠在其中以保护死者身体

在一项特殊的“开嘴”仪式中，祭司会用一个叫作“横口斧”的金属刀片使死者在来世能张开嘴吃饭说话

从古埃及有关仪式的壁画中可以看出，阿努比斯神帮助人们制作并保护木乃伊

石棺周围放置所有来世会需要的物品

金字塔

30秒大揭秘

古埃及时期，人们必须想尽办法保护木乃伊使其免于高温腐蚀、野生动物啃食及盗贼偷窃。约公元前2650年，法老左塞尔想到一个绝妙的主意：他死后将其木乃伊存于一座巨大的坟墓（即我们所知的金字塔）内。

法老的坟墓设计成形似山丘。当时古埃及人相信万物及时间的初始均源于一座从水中升起来的山丘，而太阳神则立于这座山丘之巅创造了万物及众神。那时候设计的大部分金字塔都是平滑斜面，其中左塞尔的金字塔为阶梯状金字塔。

位于埃及吉萨的一座著名金字塔为胡夫金字塔（又称吉萨大金字塔），建于公元前2589年，是目前发现的世界上最古老也是最大的石质建筑。它是由附近的采石场运来的230万块石灰石建成的。每块重至少2.5吨！比一辆比汽车还重！现代人推测这座金字塔大概花费了20年时间建造完成。

为了建造金字塔，古埃及的劳工们用铜器和石器将巨大的石块切割成所需的尺寸，同时使用杠杆原理将这些大石块移动到合适的地方。现代一些专家认为，古埃及人会使用坡道运送石块，但同时令人疑惑的是，他们并没有滑轮吊起这些巨大的石块。高层的石块是怎么被运送上去的呢？至今仍然是个谜团。

3秒钟总结

古埃及人花费许多年建造金字塔并将木乃伊封存其中。

3分钟任务

七大奇迹

吉萨大金字塔为古代世界七大奇迹之一，也是最为古老且唯一尚存的建筑物。上网探索一下其他六大奇迹的图片吧！哪一个会超越你心目中的现代奇迹呢？

最大的金字塔建造于古王国时期，胡夫金字塔即其中一个

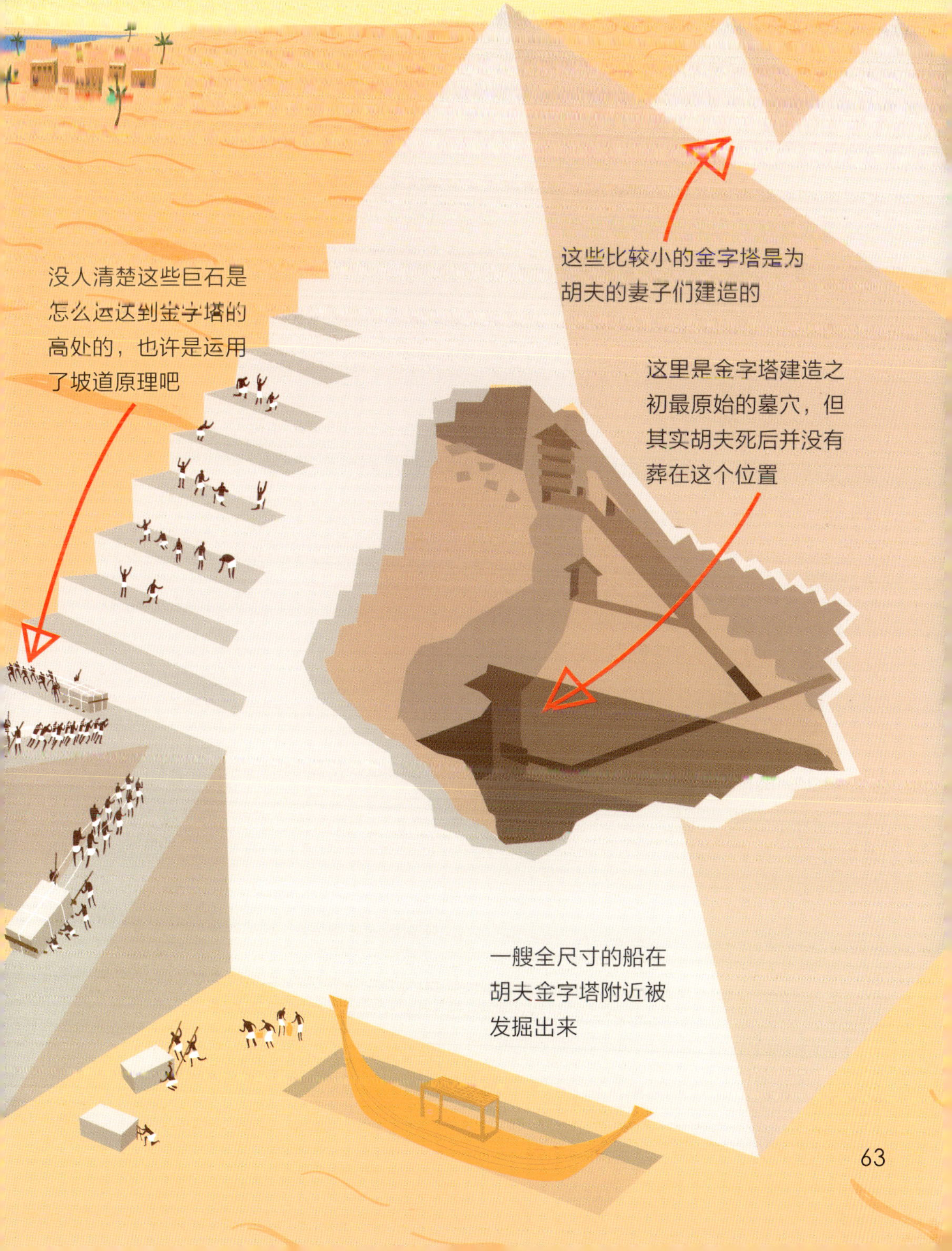

帝王谷

30秒大揭秘

到公元前2150年，伟大的金字塔时期结束。法老们也意识到墓穴再坚固也难挡盗墓者不断的洗劫和破坏。

接下来的1 000年，大概从公元前1500年至前1070年，绝大多数法老被葬于位于埃及中部的帝王谷。不同于金字塔，法老们被葬于复杂精密的秘密墓穴中，任何人也无权得知。

法老们在尼罗河西岸的这些石灰岩峭壁上开凿隧道作为秘密墓室，同时还建了许多巨大的柱廊和神庙。墓穴入口往往开在半山腰，有狭窄通道通向墓穴深处。法老们死后，木乃伊被放入石棺，连同来世所需的一切物品如纯金面具及家具等基础生活用品一起埋葬。

然而狡猾的盗墓者仍然想方设法进入这些墓穴。大约公元前1000年，它们都遭到了洗劫，一些法老也夺取前法老们的陪葬宝物，用来充实自己的墓穴。不可思议的是，20世纪之前，法老图坦卡蒙的陵墓一直静静地存于其中，从未被发现。

2005年，考古学家在帝王谷发掘了一些坟墓陪葬品，如陶器及亚麻制品等，因此断定这里必定还有另一座封存完好的坟墓。可能古代盗墓者也遗漏了此处吧……

3秒钟总结

许多法老被葬于帝王谷设计复杂精密的墓穴中。

小知识

谁捡到归谁？

当你发现一件古代宝藏时，你会怎么做？是自己留着，拿去卖个好价钱，还是呈交给博物馆呢？实际上，不同国家对于宝藏发现有不同的规定。例如，在英国，如果你在自己家农场发现一枚金币，那你完全有权利卖掉它，并且可以留着那笔钱！

1922年之前，帝王谷中的法老图坦卡蒙的陵墓一直未被发现

墓穴入口往往开在半山腰，有狭窄通道通向深藏于地下的墓穴深处

木乃伊静静地躺在三层棺材围成的“温室”里

宝藏密室里有船、宝箱和上面放着卡诺皮克罐的神坛

其中的一个房间放满了食物、酒水、陶器、凳子及野味等

贸易与袭击

我们都知道，古埃及人已开始造船，并与尼罗河沿岸及地中海沿岸的其他国家进行贸易往来。然而并非所有的互通有无都是平静祥和的。古埃及人曾与赫梯人交战，也就是如今土耳其一带的一个帝国。之后古埃及为了争夺叙利亚及巴勒斯坦的控制权继续进行战争。如今考古学家已揭秘那时候的武器，如弓箭用来进行远距离袭击，长矛及战斧用来进行近距离作战。后来埃及先是被希腊征服，再后来还得应对强大的罗马帝国的入侵，这个历时3 000年的繁盛文明，最终以失败而终结。

旅行与交通

30秒大揭秘

古埃及人是无须修筑马路的，也是，能漂着走干吗还迈开腿呢？尼罗河为古埃及人的出行及对外贸易提供了完美的路径。

约公元前4000年起，古埃及人用纸莎草条制作简易钓鱼船，并用桨或者竿子来划船。古王国时期起（参考第8页），人们造了木制运货船用来与别国进行贸易往来及海外出行。

船只顺流而下，简单轻便。逆流而上时，人们会扬起帆，巧妙借助风的力量。好在风通常很配合，总是吹向正确的方向。

相比之下陆路旅行就很艰难了。一队人乘坐一辆大篷车进行长途跋涉，让驴子驮着商品。公元前17世纪时，中东地区的侵略者希克索斯人引进了马，这才使得法老们终于赶上了潮流，旅行时坐上了用马拉的二轮战车。

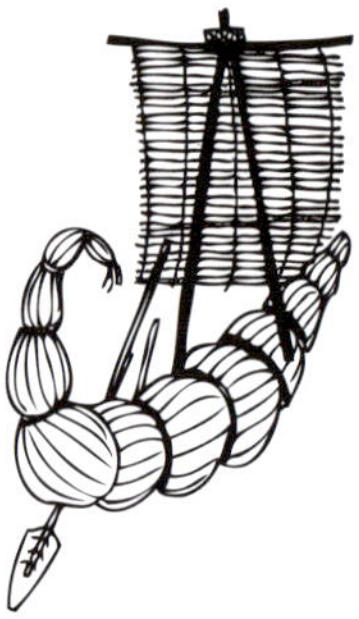

3秒钟总结

古埃及人出行主要靠划船。他们用纸莎草做的桨来划船。

3分钟任务

制作迷你船

你需要：20根柔软易弯曲的吸管、胶带、线和剪刀

1. 捏住一根吸管可弯曲的顶部的头，将其塞入另一根，以此方式将其他18根吸管全部连接起来，制作10根超长吸管。

2. 将此10根吸管平行排列，用胶带将它们相接处缠起来（保持平行），之后将两端散开的吸管束向上弯曲，这样就看起来是两端弯曲的小船雏形。

3. 将两端向上弯曲的吸管束用线绑起来，再用胶带缠绕一圈，使其保持向上弯曲的形状。好了，接下来我们就可以划船出海啦！

乘船及步行是当时最普遍的出行方式。
公元前17世纪时，古埃及人引进了马

市场

30秒大揭秘

埃及的每个城镇都有一个热闹的集市，人们在集市上买卖衣服、家用生活用品、家畜等。

在一些大城市，如孟斐斯和底比斯，有丰富多样的美食，包括石榴、瓜类、无花果、橄榄、红枣以及30多种面包等。手工艺人也售卖各种玩意儿，如花瓶、雕像及各种木制、石制、金属制和象牙制雕刻品等。

古埃及人不使用钱来交易，他们遵从易货交易制度。如果你有一群鸭子，想买一双凉鞋，这时候你就可以跟售卖凉鞋的人商讨一个合适的“价格”，就鸭子的数量达成一致意见就可以得到一双凉鞋啦。那时候贸易商会用到一个叫作德本的标准砝码来衡量一个东西的价值。比如，一只山羊值1德本，而一张床售价为2.5德本。市场的管理官员则负责处理贸易商之间时有发生的争论。

埃及人也同其他国家进行贸易往来。他们用粮食、莎草纸和亚麻布换取别国珍贵的石头、金子、珠宝、木材、焚香、调味品和油等。

3秒钟总结

古埃及人会在本国集市贸易，同时也会跟其他国家进行贸易往来。

3分钟任务

易货商店

与你的朋友制定一套用于交易的易货体系吧！比如，你可以把1包迷你便签条定价为2块巧克力，1盒卡片定为值3个苹果。开始之前要确保其他小伙伴都同意你定的这套系统哟。

古埃及人在集市上进行货物交易，
有牲畜、食物等，种类繁多

士兵与武器装备

30秒大揭秘

新王国时期以前，只有即将发生战争时，国家才开始组织军队，然后打完仗士兵就直接回家了。

新王国时期，士兵成为一种职业。男孩到5岁就被登记在册成为为军队奉献一生的成员。但他们在20岁前无须作战，比今天的参军年纪还要大。也有人成年后加入军队。

法老亲自担任军队首领，他设立两个将军分别掌管上埃及与下埃及军队。每支军队都有一队海军、一队战车及一队步兵。

每辆战车都是由两匹飞奔的马拉着向前疾驰，其中一个士兵在前驾驭战车，另一个士兵点燃弓箭射向敌人。大部分士兵在步兵团，对于他们来说，最重要的武器就是弓和箭了，他们可以射180米远，甚至更远。他们也用斧子、匕首和剑参与血腥的相互残杀。

法老在非战争时期也很好地调用了军队力量。士兵们深入田间播种，收割粮食，还帮劳工们建造金字塔、宫殿和庙宇等。

3秒钟总结

士兵们有多种武器，但是没有盔甲。

小知识

健身

在士兵每天的训练中，健身也是不可或缺的一部分。士兵们会通过举沙袋来强化肌肉。他们也训练使用刺刀、长矛和棍棒格斗，同时还会与其他新兵练习摔跤。

古埃及军队有步兵、战车兵、海军

步兵团的武器有斧头、匕首及长剑。军力强盛时士兵们会有防御盾

从快速移动的战车上射箭对敌人来说是致命的

在海战中，士兵们将点燃的箭发射到敌人的船上

发动战争

30秒大揭秘

古埃及历史的前半期曾有外敌入侵，当时敌人试图由沙漠区侵入埃及。

之后，大约公元前1630年，古埃及人称之为希克索斯人的外族掌控了埃及。在当时也不算什么坏事，因为希克索斯人引进了马和二轮战车，改进了弓箭、斧头等，这些措施都极大改善了埃及人在战争中的被动地位。100年之后，埃及人赶走了侵略者。

埃及有时候也主动发起战争。大约在公元前1468年，国王图特摩斯三世在美吉多战争中与迦南人对战，埃及取胜，之后迦南则处于埃及王国的统治之下。

公元前1275年，爆发了卡迭石战役，埃及王国与赫梯人交战。当时赫梯人击败了埃及军队中的两支分队后，他们以为战争结束了，开始对埃及进行烧杀抢掠。但是埃及王国的其他两支营救部队很快进行了反击，一举消灭了赫梯人剩余的战斗力量。然而赫梯人没有放弃，紧接着第二天又对埃及发起了进攻，双方伤亡惨重。之后双方均宣布获胜，但其实这场战争双方未分出胜负，打成平局。

3秒钟总结

埃及王国曾与希克索斯人、迦南人及赫梯人交战。

小知识

突然袭击

古埃及有这么一个故事，讲述了图特摩斯三世的将军杰夫特邀请约帕王子在约帕城附近（现在的雅法）会面。当约帕王子到达目的地之后，杰夫特将其击昏。之后他命200名埃及士兵藏在大麻布袋里，同时派人给约帕国传信，说埃及已投降并已准备好朝贡礼物，殊不知这些麻布袋里的士兵即是“礼物”！接下来，“礼物”刚运进约帕城，士兵们就跳出来展开进攻，很快攻下了这座城市。

在卡迭石战役中，埃及试图从赫梯手中夺回卡迭石

这场战役大约有6 000辆战车参战，是历史上规模最大的战争之一

在反击战中，埃及军队曾将赫梯军队逼至河里

战争结束后，赫梯与埃及王国签订了史上第一份和平条约

古埃及文明的终结

30秒大揭秘

文明兴衰，时代更迭。这个持续繁荣了3 000年的文明最终走向了它的消亡。约公元前332年，年轻有为的希腊统治者亚历山大大帝统治了埃及。随后在约公元前323年，亚历山大逝世后，亚历山大大帝的帝国衰落，希腊国王托勒密继任为埃及统治者。那个时期尽管希腊人统治埃及，但他们保留了埃及的基层建制，对本土宗教和文化发展并没有干涉。

埃及被希腊人统治了约300年。公元前51年，克娄巴特拉成为最后一位统治埃及的希腊国王。此时，罗马帝国已日渐强盛，罗马的统治者开始觊觎埃及这个国家，包括它肥沃的土地和丰饶的资源。公元前30年，克娄巴特拉去世，随后埃及成为罗马行省之一，被罗马长久地统治着。

真正使古埃及宗教覆灭的，还是基督教的诞生和传播。随着基督教成为罗马的国教，埃及的神庙都被关闭，祭司也被解散，作为古埃及知识保存地的神庙不复存在了，古埃及文明也就失去了传承。人们不再用象形文字来书写，埃及语言也逐渐倾向于希腊语。公元640年，阿拉伯人入侵，古埃及语言就此消失。之后人们还可以通过《圣经》记起古埃及这个曾经繁盛辉煌的国度，但它悠久而又灿烂的历史则被永久地埋葬了。

3秒钟总结

罗马帝国于公元前30年统治埃及，古埃及文明消亡。

小知识

罗塞塔石碑

古埃及没落后，人们逐渐遗忘了象形文字。之后，1799年，人们发掘出一块残破的刻有文字的石头。起初无人辨识那些碑文。但由于它们是以古希腊文字及象形文字两种文字对照的形式记载的，最终学者们设法将其破译，象形文字所表达的内容也得以解读，这个重大发现成了了解埃及文明的关键线索。

自公元前332年起，古埃及文明逐渐衰落

公元前332年，古埃及成为当时亚历山大大帝统治下的庞大的马其顿帝国的一部分

公元前51年，克娄巴特拉成为最后一位统治埃及的希腊人国王。据说她最终服蛇毒自杀

公元前30年，罗马统治者屋大维推翻克娄巴特拉的统治，占领埃及。埃及自此成为罗马帝国的一部分